AF283157

Borja Álava

Haikus & Senryus

Prólogo de José Javier Alfaro

PAPELES DE TRASMOZ
La Casa del Poeta
Olifante. Ediciones de Poesía

Colección PAPELES DE TRASMOZ
Fundada en 2007 por Marcelo Reyes y Trinidad Ruiz Marcellán
Subdirección: David Francisco

*Edición conmemorativa del XLVI Aniversario
de la creación de OLIFANTE. Ediciones de Poesía*

Haikus & Senryus
BORJA ÁLAVA

Editado por OLIFANTE. EDICIONES DE POESÍA
Reservados todos los derechos
© De la presente edición: Olifante. Ediciones de Poesía
© Borja Álava
© Del prólogo: José Javier Alfaro
© Fotografía: Amets Álava Navarro

Diseño de la colección: Vicente Pascual

I.S.B.N.: 979-13-990025-5-3
Depósito Legal: Z 1040-2025

Impreso en España por COMETA, S.A.
Printed in Spain

Haikus & Senryus

Borja Álava

Borja Álava, por Amets Álava Navarro

Prólogo

Tras largo tiempo haciéndose esperar, ve la luz este poemario de Borja Álava, parte del cual ya conocíamos, en cuidadas publicaciones artesanales, sus allegados más próximos. Quienes conocemos al autor y su trayectoria poética no podemos por menos que alegrarnos de que llegue por fin a editarse, aun sabiendo de las dudas y del vértigo que siempre supone mostrarse al mundo lector por primera vez con una obra enteramente personal.

Y es así, bajo el título genérico, *Haikus & Senryus*, como Borja nos muestra todo un mundo de descripciones y de vivencias, concentradas en la austeridad de esas estrofas de origen japonés, compuestas por tres versos de cinco, siete y cinco sílabas. Cada estrofa actúa al modo de un fogonazo que nos desvela con su luz breve, pero poderosa, a veces críptica, a veces esclarecedora, cuanto el poeta ve e interpreta en la Naturaleza (haiku) o vive en el universo de sus emociones (senryu). La concisión intrínseca que la estrofa requiere no permite la posible vestimenta de los versículos, quedando expuesta a la patente desnudez del mensaje.

De este modo, la contenida lírica de los haikus se entremezcla con las vivencias de los senryus, con sus tonos no exentos de ironía, humor negro y contenidos de tipo social o filosófico. Una alternancia con la que el poeta juega deliberadamente con el fin de que los lectores cambien del mundo exterior al interior sin obsesiones.

Bienvenida sea esta obra, que pone fin a una minuciosa, y casi obsesiva, selección, entre la amplísima producción de este modelo estrófico al que tantos momentos ha dedicado el autor.

José Javier Alfaro

A mis padres y hermanos

Para Zuhaitz y Amets

Todo cabe en lo breve. Pequeño es el niño y encierra al hombre; estrecho es el cerebro y cobija al pensamiento; no es el ojo más que un punto y abarca leguas.

Alejandro Dumas

Oí al árbol majestuoso cantar el poema de su muerte.

Walt Withman

Bajo la sombra
del cerezo en flor
nadie es extranjero.

Kobahashi Issa

Cae la tarde.
El rumor de la orilla
me ofrece asiento.

En el cuaderno
guardo con triste celo
mis desventuras.

ABRO los ojos.
Cada mañana, nítida,
vuelve tu imagen.

Envejecemos.
La vida nos desgasta
de un solo soplo.

En los tejados
las viejas chimeneas
callan y otorgan.

Sonríe el viejo.
El puzzle de su boca
muestra vacíos.

QUEDA la calle
de pétalos sembrada.
Pasó la lluvia.

…MAS abandóname,
aprisa, sin apenas
apuntalarme.

La luz se apaga.
Dentro de mí se enciende
el otro idioma.

Tras la tormenta,
el sándalo revive
y nos embriaga.

Bajo su espejo
los charcos nos observan.
Lo saben todo.

Es más certera
la ruta de los ciegos
sin lazarillo.

Me costó verla.
La sombra del demonio
bajo su falda.

Abejarucos.

El color de sus plumas
incendia el aire.

Llega cargando
su efímero regalo
la primavera.

Desafiando
al hielo que vendrá,
los nuevos brotes.

Desde la infancia
me siguen alumbrando
esas luciérnagas.

En la distancia
sobre el recuerdo tibio,
te desvaneces.

Diluvió aquel
abril hasta mis hojas
dejar en blanco.

NUNCA me vieron.
Aguardando a esos ojos
yo me hice viejo.

Caracol sabio.
Cuéntame esos secretos
tan enigmáticos.

Despierta el viento
y dibuja en las nubes
a su capricho.

Pobre Geppetto:
Pinocho alimenta
a la carcoma.

Encajonada,
la caja de Pandora
no dice nada.

Son los recuerdos
viejas ruinas azules
a sotavento.

Enjambre cruel.
Apatía frondosa
que aún me habita.

Un día supe
que los muertos tenían
su propia voz.

Brisa en el agua.
Un reflejo se lleva
toda respuesta.

Ni en conserva.
Una lata de amor
es una lata.

Con gran estrépito,
los cascos del caballo
cortan el hielo.

En su aventura,
el carbonero llega
a la repisa.

Atrincherados

en pliegues de tu piel,
duermen los dioses.

Libre de todo
la raíz que asoma
al otro lado.

Y, *ay* de aquellos
que, en su laberinto,
se reencuentren.

Nubes del sur
que habéis sido norteñas…
¿Soy yo de aquí?

Al traducirlas,
las líneas de la mano
chivan el viaje.

Juntos confluyen,
camino y caminante,
en uno solo.

Un treparriscos
temiendo en la pared
del farallón.

La despedida
comienza antes de irse.
Y nunca acaba.

Nido de Alondra.
Al abrigo del cierzo
un triste canto.

A mi padre

Última vez.
El brillo de tus ojos
como un arrullo.

Cuando un buen día
nos asusta la muerte,
se achica el alma.

VUELA el insomnio
con un canto extraño
pero inaudible.

Desde las hojas,
una canción de hielo
que tintinea.

En carne viva.
Todo cuanto deseo
está en tu piel.

Cuarto creciente.
Junto a la carretera
corre la luna.

Les han salido
a los chopos quemados,
frondosas nubes.

NADA hay más fiel
que la sombra que todos
llevamos dentro.

Poco antes de irse
nutre la luz errante
a su crepúsculo.

Acaso el numen
esté de vacaciones.
Toco madera.

Tantos matices
en el abejaruco.
Y un antifaz.

L<small>A</small> vaca pobre
cura su amigdalitis
sin decir *mu*.

Me sube y trepa
por el bolsillo roto
un amor viejo.

CON inocencia
lava pecados el
arrepentido.

Hecha un ovillo
dentro de su crisálida,
tu mariposa.

Noche cerrada.
Llega desde la bruma
una sospecha.

Primeros copos.
La boca del caballo
exhala el vaho.

Tarde o temprano
prometiéndose muerte,
nuestras banderas.

Cobra sentido
cuando alguien se la salta.
La llaman ley.

En la prisión,
el alma de los presos
franquea el patio.

Monte de Venus,
entre tus duras selvas
busco el refugio.

Vivir: Viajar
con billete de ida.
Pero sin vuelta.

Ver, deglutir
el cofre de tu alma.
Atiborrarme.

Bajo el sol cómplice
cerca del remolino
goza la nutria.

En sus anillos
esconde el viejo árbol
la cifra exacta.

La lagartija
prescinde de su cola
y así pervive.

En lo más próximo
se alberga la esperanza
de tu horizonte.

BAJORRELIEVE.
La arena de la playa
guarda tu huella.

Siempre a su hora,
sin faltar a la cita.
El ruiseñor.

TRISTE **solera**
cuando ha pasado el tiempo
de juventud.

Es la corriente,
bajo la superficie,
la que me arrastra.

No tiene prisa.
Sabe esperar, segura,
cauta, la muerte.

Es tu refugio
al apergaminarse,
la marihuana.

No se da cuenta
tan inmerso en sus cábalas
de que se oxida.

Bajo la lupa
cobra lo cotidiano
su dimensión.

Vuela el águila
y divisa su sombra
cual un espejo.

QUEDARON presas
dentro del pentagrama
las semifusas.

El pintor ve una
recta en el garabato
que la enmaraña.

Todo palíndromo
se muere y resucita
de igual manera.

Entre sus libros,
los poetas me observan
desde el estante.

La librería,
su nombre ya lo dice,
te hace más libre.

No pido mucho.
Salir ileso y nítido
de tu mirada.

TODA ruptura
comienza con rumor
de cataratas.

En vilo, cuando
sobrevuelas el cráter
de mi esperanza.

Reconocerlo

no será el primer paso,
sino sufrirlo.

¿Qué pasaría
si el ego de la Tierra
se humanizara?

Del árbol viejo
ha caído sin más
la fruta nueva.

Cada tañido
vacía de silencio
la torre hueca.

La urraca grazna.
Da la alarma en la noche.
Se acerca un gato.

Y así tan rápida
tan rauda como llega
se va la vida.

Como gigantes,
caen una por una
mis convicciones.

Es fascinante.
Crecer dentro del cuerpo.
Flotando en agua.

Para Gloria y sus dos Chelos

Mi hijo anda.
Sonríe con los ojos.
Y yo me ensancho.

Ah, si supiera
crecer sin deformarme
y seguir niño.

Aunque sin prisa,
caminarán tus huesos
hacia la tierra.

El olivar.
Quieto en su paraíso,
grande el autillo.

Hay un remanso
al final de la boca
donde buceo.

PRISIÓN perpetua.
Casi no te recuerdo,
y te imagino.

Tan solo el viento
sabe ordenar las hojas
que hay en los árboles.

TERSO por fuera
arrugado por dentro.
Vil corazón.

No estaba muerto,
estaba de parranda
con el ministro.

Las balas dieron
al valiente soldado
su gloria estúpida.

No resucita
a los muertos la música.
Mas sí a los vivos.

Con la mañana,
una imagen de hielo
tras el cristal.

Octubre yace
y noviembre resurge
sin avisarnos.

Para Sorne

ELLA cantaba
con los ojos cerrados.
Besando al mundo.

Viejo fluir.
Trae el río silencio
cuando se seca.

En el alféizar,
la pluma agazapada
no se contiene.

Gruye en el cielo
la descompuesta uve
que marca el paso.

Lejos y cerca,
tu arrecife se aleja
como flotando.

FUE mi juguete
una vieja Olivetti.
Y mi secreto.

Recurro a veces
a esa única arma.
Ser. En silencio.

Que amargo fue
tu dulce porvenir.
Besos de Judas.

Desde aquí miro
a quien siempre me observa
al otro lado.

En su acrobacia,
el vencejo ha caído
sobre la tierra.

No quiero verte.
Imaginarte en cueros
me da más morbo.

SERPENTEANDO,
la hiedra entre los muros
abandonados.

Ruedan las piedras.
Su música desciende
como un arrullo.

Solo el cuervo
rasga la fría quietud
de la mañana.

Pero de dónde
se sacan los políticos
tanta mentira.

Es complicado
no acordarse de ti
a cualquier hora.

Aquel recuerdo
aferrado al orgullo,
minó su vida.

Solo a escondidas
se retozan las rectas
de aburrimiento.

Y qué frenéticas
con las primeras gotas,
van las hormigas.

Invierno gris.
Muda el negro penacho
la garza real.

Perder el rastro
de tu blanca frialdad
entre la nieve.

Para Ignacio Arnedo

PINTANDO el cielo.
Fugaz entre los chopos
va la oropéndola.

Así he seguido
con objeto de amarte,
envejeciendo.

Ya no da sombra.
En la estufa crepita
el fin del arce.

GUARDA la niebla
un cáliz de secretos
bajo su abismo.

La acuna octubre.
Agoniza la avispa
sobre su pétalo.

Como haz y envés.
Si no podemos vernos,
qué hacemos juntos.

Cómo decírtelo.
No hay amor en tus besos.
Sino halitosis.

Casi llegando
la nube de balidos,
al matadero.

No sabrán nunca
lo que en ti más me gusta.
Ni yo tampoco.

Solo hojas muertas.
Agoniza la savia
que les dio vida.

Todo es sosiego.
No tiene prisa el viento
de la llanura.

La golondrina
edifica adosados
a muy buen precio.

Algunas noches
suelo andar por el techo
mirando al suelo.

RECONOCEDLO.

Algunos me evitáis.
Yo mismo lo hago.

Cuando se seca,
lleva el río un murmullo
de hombres antiguos.

Sueño la espera,
y su lentitud crece
como un destierro.

Rumor lejano.
Tras la niebla en jirones,
una bandada.

Tan pequeñitos
se nos ve desde el cielo.
Ni Dios nos ve.

ALCARAVANES.

Sus ojos amarillos
prenden la estepa.

Cada mañana,
se refleja el ritual
en la tetera.

Brizna de viento.
Se mece el espliego y
con él su aroma.

Un somormujo.
Las crías a la espalda.
Su primer viaje.

Para Ainhoa Navarro

LA MADRE alumbra
el llanto del chiquillo.
Un sol se duerme.

Un petirrojo
no marcha sin decir
adiós y gracias.

NOTA BIOBIBLIOGRÁFICA

Borja Álava (Tudela, 1976). Reside en Cascante (Navarra). No es Licenciado en Filología. No ha publicado libros y no hay traducciones a sus espaldas.

Pero es padre de dos hijos, forma parte del Grupo Literario *Traslapuente*, y continúa escribiendo desde que un día lo hiciera con ocho o nueve años. Como dijo su amigo Charles Chaplin: *Todos somos aficionados. La vida es tan corta que no da para más.*

ÍNDICE

En esta edición se empleó papel *Athenea* verjurado ahuesado de 125 gr/m² y cartulina *Rives Tradition,* color marfil claro, de 170 gr/m². Se han utilizado los tipos *Felix Titling* en el cuerpo 50 y *Garamond* en los cuerpos 7, 8, 9, 10, 11, 12 y 14. Color pantone Blue 072 U y Cool Gray 5 U.

Haikus & Senryus

de

Borja Álava

Volumen 129 de los
PAPELES DE TRASMOZ
de la Casa del Poeta
editado por
OLIFANTE. EDICIONES DE POESÍA

Se imprimió en
los Talleres Editoriales Cometa, de Zaragoza,
cuidando el proceso técnico Albertina Lisbona.
Responsable de erratas, Tutivillus.
Y fue encuadernado por
Encuadernaciones Raga, S.A.
El libro quedó terminado
el día 31 de julio de 2025.

ÁNGEL GUINDA
El Mundo del Poeta. El Poeta en el Mundo

JOSÉ LUIS DE LA VEGA y
BÁRBARA ALLENDE GIL DE
BIEDMA (OUKA LEELE)
I Premio Internacional Poesía de
Miedo, 2006

ANTONIO MACHADO
Cancionero de Amor y de Muerte

MIGUEL ÁNGEL CURIEL y
ÁNGEL GRACIA
II Premio Internacional Poesía de
Miedo, 2007

VICENTE PASCUAL
*a la Vida, a la Muerte y a mi
Bienamada*

ALFREDO SALDAÑA
Hay alguien ahí

GUSTAVO ADOLFO BÉCQUER
Carta tercera. Desde mi celda

VARIOS AUTORES
*Gustavo Adolfo Bécquer: Un paseo
por su época. Cuestionario*

ZHIVKA BALTADZHIEVA, GERMAIN
DROOGENBROODT,
ANA MUÑOZ, AGUSTÍN PORRAS y
MANUEL VILAS
VII Festival Internacional de Poesía
Moncayo

LUIGI MARÁEZ y
ARANTZA SEMPRÚN
III Premio Internacional Poesía de
Miedo, 2008

RICARDO FERNÁNDEZ MOYANO
*Poetas suicidas: sensibilidad o
supervivencia*

BRENDA ASCOZ, CASIMIRO DE
BRITO, GONZALO ESCARPA,
CESC FORTUNY I FABRÉ,
DOLAN MOR y MARIAN
RAMÉNTOL
VIII Festival Internacional de Poesía
Moncayo

MANUEL MARTÍNEZ FOREGA
*Memoria y recuerdo en el poema
Espacio de Juan Ramón Jiménez*

AGUSTÍN PORRAS
La mosca becqueriana

ÁNGEL GUINDA
Poemas para los demás

MANUEL M. FOREGA,
JOSÉ JAVIER ALFARO CALVO,
MIGUEL ÁNGEL MARÍN URIOL,
DOLAN MOR y MARIAN
RAMÉNTOL
IV Premio Internacional Poesía de
Miedo, 2009

ANTÓN CASTRO
Vivir del aire

JOSÉ ANTONIO LABORDETA
*Hundiendo en las palabras las
huellas de los labios. Poesía y canción*
Edición de Mario Ruiz Arganda

MOHSEN EMADI, DAVID MAYOR,
EMILIO PEDRO GÓMEZ y
JOSÉ LUIS MARTÍNEZ MALLADA
V Premio Internacional Poesía de
Miedo, 2010

ÁNGEL GUINDA
Espectral

FERNANDO SARRÍA
Babel en las manos